Inhaltsverzeichnis

Einleitung

Herzlichen Glückwunsch zum Kauf dieses Buches. Schön, dass Sie sich mit dem Thema Finanzen, Geld- bzw. Sachwertanlage vertraut machen und Ihre Entscheidungen selbst in die Hand nehmen!

Mein Name ist Markus Dursch und ich schreibe dieses Buch von Herzen, um Ihre Kaufkraft zu erhalten, Ihr Vermögen abzusichern und Ihnen zu helfen echtes Besitztum zu bilden.

Dieser Compact Guide versteht sich als eine Art Schnellkurs zum warum und wie, damit Sie zügig in die Umsetzung kommen können.

Es liefert Ihnen Hintergrundwissen und dient als Ratgeber, damit Sie selbst fundierte Entscheidungen treffen können. Hören Sie zudem auch auf Ihr Bauchgefühl.

Gerade in Krisenzeiten ist es wichtig hinter den Vorhang zu schauen und seiner Intuition zu trauen.

Vorab

Sollten Sie sich zum Kauf von Edelmetallen entscheiden, lassen Sie sich beraten und kaufen Sie nur bei seriösen Goldhändlern. Infos hierzu am Ende des Buches.

Zu meiner Person

Über 20 Jahre Erfahrung in der Finanzbranche macht mich zu einem erfahrenen Berater. Alle Inhalte sind von mir mit bestem Wissen und Gewissen geprüft und ich lade Sie ein, in Resultate zu denken, die Zeichen der Zeit zu erkennen und selbst zu handeln.

Geben Sie Ihre Finanzhoheit nie aus der Hand, denn es ist die Grundlage Ihrer wirtschaftlichen Existenz!

Wie kam ich zu dem Thema Gold?

Vor meiner Selbständigkeit und damit Unabhängigkeit, war ich über 20 Jahre im Vertrieb von Finanzdienstleistungen tätig.

Hierbei wurde mir Eines immer klarer:
„Die Produkte der Finanzindustrie und das aktuelle Finanzsystem dienen den Menschen immer weniger und bringen Sie immer mehr in die Abhängigkeit."

Die Politik druckt immer mehr Geld, was zu einer Entwertung der Währungen führt (schon vor der Neuverschuldung durch bzw. nach Corona).
Das aktuelle „alte" Finanzsystem steht vor dem Kollaps und wird zu Gunsten der Elite geplündert und parallel wird an einem neuen System gearbeitet.

Klassische Produkte mit festen Zinsen und damit planbaren Verträgen zur Altersvorsorge sind tabu.

Stattdessen schließen Sie eine Wette ab, dass der abgeschlossene Vertrag in 20 oder 40 Jahren überhaupt ausbezahlt wird und dann auch noch eine Rendite hat.

Die besten Verträge heute (in Richtung Garantie) sind 0 Prozent Verträge, d.h. Sie sparen brav 30 Jahre lang und bekommen dann ihr eingezahltes Geld - gut, es "kann" ja auch mehr sein, muss aber nicht. Schließlich locken Renditeversprechen aus Aktien, ETF´s und Co., welche Grundlage der neuen Verträge sind. Fakt ist eben: Garantie ist Garantie und keine Garantie ist eben ohne Garantie.

Die Banken und Versicherungen haben das komplette Risiko an den Kunden und an den Vertrieb abgegeben. Verliert der Sparer in seinem Fondsparplan oder seiner Fonds-Rente Geld, da der Kurs beim Verkauf gesunken ist, verliert nur er. Die Gesellschaft verdient an den laufenden Kosten, der Gewinn oder Verlust interessiert nicht. Haben die Banken, Versicherungen und Fondsanbieter dann überhaupt ein eigenes Interesse einen Gewinn zu erwirtschaften?

Vor allem wenn Sie für Ihre Altersvorsorge Sparverträge (ohne Garantien) abschließen, müssen Sie zum fixen Zeitpunkt Ihres

Rentenbeginns an den Vertrag und Ihre Anteile zu Geld machen, egal wie es zu diesem Zeitpunkt aussieht. Checken Sie hier mal Ihre Verträge selbst. Im Falle einer Zahlungsunfähigkeit der Anbieter gehen Sie als Gläubiger eh leer aus.

Wegen der oben genannten Gründe bin ich dann 2018 aus der klassischen Finanzbranche ausgestiegen.
Ich suchte selbst nach flexiblen, günstigen Lösungen, welche echte Werte darstellen – heute und in Zukunft.

Ich bin überzeugt, dass die Zukunft den Sachwerten gehört. Alles, was Papier ist, wird an Bestand verlieren. Es gilt wieder Eigentum zu bilden und Eigentümer (einer Sache) zu sein.

Im Jahre 2008 (nach der Lehmann Pleite / Bankenkrise) entdeckte ich das Thema Edelmetalle für mich. Heute kümmere ich mich als ausgebildeter Edelmetallberater um Ihre Vermögenssicherung mittels Edel- und Technologiemetallen (also mobilen Sachwerten).

Nun wünsche ich viel Erkenntnis beim Lesen und viel Freude in der Umsetzung in Ihre goldene Zukunft.

Ihr Markus Dursch

Edelmetalle im Allgemeinen

Edelmetalle sind seltene und kostbare Metalle, die gegen chemische Prozesse sehr widerstandsfähig sind.

Wenn Sie den Satz nochmals genau lesen, sind Edelmetalle also selten. Man kann Sie nicht beliebig produzieren. Außerdem sind Sie gegen chemische Prozesse widerstandsfähig, d.h. sie gehen nicht kaputt bei Wind und Wetter und sie sind kostbar. Kostbar bedeutet übersetzt von erlesener Qualität, aus teurem Material und daher sehr wertvoll.

Zu den Edelmetallen (als Anlageformen) zählen: Gold, Silber, Platin, Palladium und Technologiemetalle.

In den folgenden Kapiteln werden Sie alle kennen lernen. Der Schwerpunkt liegt aber beim Gold.

Gold ist die älteste Währung der Welt - Geschichte des Geldes

Vor Erfindung des Geldes dienten Naturalien als Tauschmittel. Stellen Sie sich einen Markt vor, auf welchem Waren und Dienstleistungen getauscht wurden.

Der Hufschmied bekommt für seine Arbeit an zwei Pferden des Metzgers als Gegenleistung eine Schweinehälfte. Der Schmied für das Schleifen einer Sichel einen Sack Weizen usw.

Oder ein anderes Beispiel:

Sie wollen ein Huhn in eine Kuh tauschen:

Sie haben ein Huhn und wollen eigentlich eine Kuh. Ein Huhn reicht nicht aus, um es gegen eine Kuh zu tauschen. Sie brauchen dann entweder mehr Hühner, oder Sie bekommen für ein Huhn weniger Kuh. Eine lebendige Kuh ist aber nicht teilbar, und es dauert eine gewisse Zeit, um zehn weitere Hühner zu züchten, wofür Sie auch noch einen Hahn benötigen. Sie können auch beschließen, die Hühner später zu liefern - in diesem Fall haben Sie dann Schulden. Sie sind dann Schuldner und der Verkäufer der Kuh ist Gläubiger.

Dies war ein natürlicher Kreislauf.

Das Problem entstand aber in der kurzen Haltbarkeit der Waren und nicht jede Ware, welche als Tauschmittel angeboten wurde, war von Nutzen für den Dienstleister. Ein Horten und Ansammeln von Waren war nur bedingt möglich.

Das Geschäft kam somit an die Grenzen und Wachstum war nur begrenzt möglich.

In den alten und kleinen Gemeinschaften war es noch möglich, Schuldenbücher zu schreiben und aufrechtzuhalten. Bei einem bestimmten Schuldenwachstum wurden diese Schulden aber schon damals immer wieder ersatzlos gestrichen, da sie niemals zurückbezahlt werden konnten.

Die ersten Tauschmittel als Lösung

Als erste Tauschmittel wurden Lederstücke mit einem Siegel geprägt, welche als Geld dienten. Nachteil war aber die Fälschungssicherheit.

Ab ca. 1000 v. Chr. war Geld in Form von kleinen Messern und Spaten aus Bronze in der Gesellschaft des alten China im Einsatz, zuvor Bronzeguss Repliken von Kaurimuscheln.

Gegenwärtig scheint es noch so, dass die ersten produzierten Münzen separat voneinander in Indien, in China sowie in Städten rund um das Ägäische Meer in einer Zeit zwischen 700 und 500 vor Christus parallel hergestellt wurden.

Zunächst war Silber in den meisten Systemen das Edelmetall, mit welchem Münzen hergestellt wurden und als Zahlungsmittel dienten.

Silber war also die Regionalwährung. Gold dagegen war ein überregionales Zahlungsmittel im Warenverkehr.

Alltagsgüter wurden mit Silber bezahlt und teure bzw. überregionale Waren mit Gold.

Silber war die Regionalwährung

Gold war überregionales Zahlungsmittel

Die Rolle des Goldschmiedes

Eine große Rolle spielte der Goldschmied. Er war in der Lage, die Reinheit und das Gewicht des Goldes zu bestimmen und somit ein wichtiger Gutachter im Goldhandel.

Ein Nachteil war, dass die Menschen, wenn Sie Gold bei sich hatten, gefährlich lebten. Diese Tatsache nutzte der Goldschmied mit einer cleveren Idee und machte den Menschen folgendes Angebot: "Gebt mir das Gold und ich bewahre es sicher in meinem Tresor und ihr bekommt einen Schuldschein, mit welchem Ihr jederzeit das Gold wiederbekommt.
Ihr könnt diesen Schein auch tauschen und jemand anderes kann das Gold dann holen".

Daraufhin gaben die Menschen dem Goldschmied Ihr Gold und bekamen hierfür einen Schuldschein, also eine Art Papiergeld. Es gab nur so viele Schuldscheine (Papiergeld) wie auch tatsächlich Gold (also Sachwert) im Tresor des Goldschmieds war.

Der Goldschmied war nicht nur ein cleverer sondern auch unehrenhafter Geschäftsmann.

Als er sah, dass die Menschen die Schuldscheine untereinander handelten und Ihr Gold nur selten abholten, stellte er mehr Schuldscheine aus, als tatsächlich Gold als Gegenwert vorhanden war. Er druckte so praktisch künstliches, neues, ungedecktes Geld.

Er erfand somit das heutige („moderne") Banken-wesen und Finanzsystem, bzw. die Fiat-Währung.

Diese kleine, wahre Geschichte zeigt ganz einfach auf, wie es mit unserem ungedeckten Finanzsystem aussieht - nur die Dimensionen sind weit aus gigantischer. Aber dazu mehr ab Seite 51.

Gold ist die erste echte "harte Währung" und sie ist es bis heute geblieben. Sie können praktisch mit einer Unze Gold in jedes Land der Welt gehen und diese in die jeweilige Währung und in Kaufkraft eintauschen. Das ganze dazu noch total anonym - das ist Freiheit pur!

Tauschen Sie heute Geld (z.B. aktuell Euro) in Gold, dann machen Sie lediglich einen Währungstausch!

Gold behält seit Jahrtausenden die Kaufkraft

2000 Jahre vor Christus zahlte man, den Überlieferungen nach, für eine Tunika (damaliges maßgeschneidertes Gewand) 1 Unze (31,1035 Gramm) Gold. Der Preis für einen heutigen kompletten maßgeschneiderten Business Anzug mit Schuhen usw. liegt auch heute noch bei etwa einer Unze Gold.

Für ein Ford T Modell im Jahre 1908 bezahlte man 41 Unzen. Eine heutiger gehobener Mittelklassewagen liegt preislich etwa gleich.

Für die Bierliebhaber:
1950 bekam man auf dem Oktoberfest für eine Unze 95 Maß Bier. Im Jahr 2019 bekam man auf dem Oktoberfest gute 100 Maß Bier, also auch wieder die gleiche Menge an flüssigem Gold.

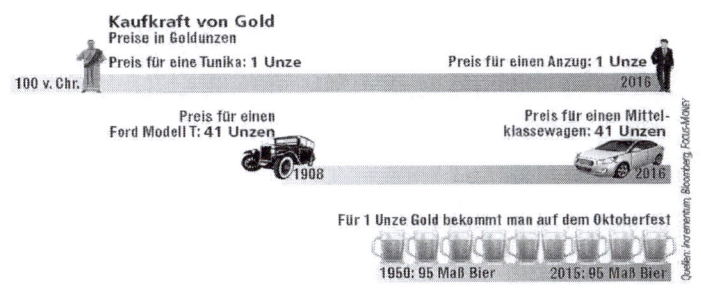

Kaufkraft von Gold
Preise in Goldunzen
Preis für eine Tunika: 1 Unze
100 v. Chr.
Preis für einen Anzug: 1 Unze
2016

Preis für einen
Ford Modell T: 41 Unzen
1908
Preis für einen Mittel-
klassewagen: 41 Unzen
2016

Für 1 Unze Gold bekommt man auf dem Oktoberfest
1950: 95 Maß Bier   2015: 95 Maß Bier

Quellen: Incrementum, Bloomberg, Fotos-MONEY

Inflation verändert den Preis - die Kaufkraft hinter dem Gold bleibt jedoch stabil!

Gold ist eine Währung, ein Inflationsschutz und es ist endlich (ab S.48). Kritiker von Gold geben oft an, dass Gold keinen Zins abwirft. Das ist richtig, aber es braucht es auch nicht. Gold kostet aber auch keinen Zins, Stichwort Negativzinsen. Bei Gold geht es um Vermögenssicherung und Kaufkrafterhalt und nicht um Rendite.

Ein Finanzprodukt auf Grundlage einer inflationären Währung braucht als Ausgleich den Zins, oder anders, es steckt in der Zinsfalle. Gold und Edelmetalle sind passiv, es wächst nicht, es macht nichts, man kann es nicht düngen, nicht vermehren, es kostet keinen Unterhalt und es wirft nichts ab. Genau das ist es, was es zu einer Alleinstellung unter den Sachwerten macht.

Wenn Gold im Gegensatz zu der aktuellen Währung an Wert gewinnt (obwohl es passiv ist und nichts macht) dann steigt in Wirklichkeit nicht das Gold, sondern die Kaufkraft der Währung geht kaputt!

Hierzu ein Beispiel:

Sie haben 50.000 Euro auf dem Sparkonto und haben ein Traumauto für genau diesen Betrag entdeckt, welches Sie aber erst in 5 Jahren kaufen wollen.

Da die Kaufkraft auf dem Sparkonto abnimmt, entscheiden Sie sich hierfür 1 KG Gold zu kaufen, als Sachwert.

5 Jahre später ist der Goldpreis in Euro gestiegen und Sie bekommen für Ihr 1 KG Gold nun 70.000 Euro ausbezahlt. Sie denken jetzt, prima, da habe ich ja 20.000 Euro Rendite gemacht...?!

Sie gehen dann ins Autohaus und stellen fest, dass Ihr Traumauto nicht mehr 50.000 Euro (wie vor 5 Jahren) kostet, sondern nun 70.000 Euro.

Sie haben also in Wirklichkeit keine Rendite gemacht, sondern lediglich Ihre Kaufkraft erhalten. Darum geht es bei Gold und Edelmetall als Wertspeicher!

Was ist eigentlich Geld im eigentlichen Sinne:

a. Es ist ein Zahlungsmittel (ich kann damit bezahlen)
b. Wertmesser (ich verrechne meine Besitztümer in der entsprechenden Einheit)
c. Wertaufbewahrungsmittel (ich kann es sparen)

Punkt a) ist mit unserem Euro noch machbar. Allerdings kommt es als Bargeld schon zu starken Begrenzungen. Versuchen Sie doch mal ein Auto bar zu bezahlen oder mit einem 200 Euro Schein einkaufen zu gehen?

Punkt b) stimmt für einen immer kürzeren Zeithorizont, auf Grund der ständigen Inflation.

Bei Punkt c) ist es beim Euro schon lange Zeit vorbei. Der Euro an sich verliert ständig an Wert.

Spätestens mit der Abschaffung der Zinsen und der Einführung der Negativzinsen ist dies für jeden offensichtlich.

Als Aufbewahrungsmittel scheidet Bargeld aus. Es braucht also andere Möglichkeiten zur Sicherstellung der Kaufkraft. Gold ist hier seit ewiger Zeit ein treuer Begleiter und ein begrenztes, seltenes, wertvolles Naturprodukt unserer Erde.

Hinzu kommt, dass grade Gold in vielen Völkern einen emotionalen, religiösen Hintergrund hat. Es gibt kein Land oder Volk der Welt, wo Gold keinen Wert darstellt.

Selbst in der Entstehungsgeschichte der Bibel (Genesis 2) findet man den Wortlaut: „....dort findet man Gold und das Gold des Landes ist kostbar".

Anlagegold ist steuerfrei

Beim An- und Verkauf von Anlagegold wird keine Mehrwertsteuer erhoben. Anlagegold in diesem Sinne sind typische Goldmünzen (offizielles Zahlungsmittel eines Landes) mit mindestens 900er Goldgehalt und nach dem Jahre 1800 geprägt. Bei Goldbarren gilt eine Reinheit von 995 als Grundlage. Sie sollten aber sowieso immer 999er Feingold erwerben. Geregelt wird diese Steuerbefreiung Europaweit in der EU Richtlinie 98/80/EG1.

Bei Ankauf von historischen Goldmünzen und Altgold hingegen fällt die Mehrwertsteuer an.

Steuer auf Gewinn beim Verkauf

Nach § 23 EStG werden Gewinne aus dem Verkauf von physischem Gold als Veräußerungsgeschäft behandelt und sind steuerpflichtig.
Es gilt eine Haltefrist von 1 Jahr.

Wenn also zwischen An- und Verkauf ein Jahr vergangen ist, ist der Veräußerungsgewinn steuerfrei. Allerdings gibt es auch eine Freigrenze von 600 Euro.

Diese Regelungen gelten sowohl für Anlage- und Altgold. Im Zweifelsfall fragen Sie bitte Ihren Steuerberater.

Falls Sie Veräußerungsgewinne erzielen, müssen Sie den Gewinn bei der Finanzbehörde selbst anzeigen, da Sie beim Kauf (beim anonymen Tafelgeschäft oder Kaufauftrag) keine Steuer-ID oder Steuer-TIN angeben müssen.

Wenn Sie regelmäßig Gold kaufen und auch verkaufen, dann verkaufen Sie die älteren Stücke, um somit zwischen Erwerb und Verkauf das eine Jahr der Haltefrist erfüllt zu haben.

Kaufen Sie immer Anlagegold und halten Sie es länger als 1 Jahr, dann ist Golderwerb und Verkauf immer steuerfrei. (Die o.g. Regelung betreffen Deutschland).

Mein Expertentipp - Die GOLDRENTE

In meiner Beratung baue ich meinen Mandanten eine Art Goldrente auf (dies geht sowohl mit Einmalbeiträgen oder monatlichen Raten, als Sparplan über Jahre hinweg).

Da Ankauf und Verkauf steuerfrei sind, erfolgt auf die Auszahlung der Goldrente keine Besteuerung und es besteht keine Abgabepflicht der Sozialversicherung (z.B. gesetzliche Kranken-versicherung).

Bauen Sie Ihre Altersvorsorge dagegen mit einer Rentenversicherung auf, ist die Rentenaus-zahlung steuerpflichtig und abgabenpflichtig bei der Krankenversicherung. (Je nach Produkt variieren die genannten Anteile).

(Zu Ihrem Einzelfall fragen Sie Ihren Edelmetall-berater oder/und Ihren Steuerberater, da ich hier keine Steuerauskunft geben darf).

Zudem ist die Goldrente ein Sachwert und kein Buchwert. Sie haben also Inflationsschutz,

Steuerfreiheit, Flexibilität in einem. Besser geht es nicht!

Sie können auch selbst einfach Gold kaufen und dann in der Rente verkaufen. Achten Sie hier aber auf die Stückkosten. Infos hierzu im weiteren Verlauf des Buches.

Die „Goldrente" sollten Sie mit einem flexiblen Ablaufplan gestalten. Nutzen Sie kein in sich geschlossenes Produkt in welchem Ankauf- und Ablaufphase fix sind, denn dann handelt es sich um ein Finanzdienstleistungsgeschäft und die o.g. Vorteile finden unter Umständen keine Anwendung.

Welche Schatztruhe wäre Ihnen lieber für die Rente? Gold oder Dollar?

(Für mehr Infos oder Interesse schicken Sie mir einfach ein Email, die Adresse finden Sie hinten im Buch.)

Gold kann nicht wertlos werden

<u>Stellen Sie sich hierzu einfach Folgendes vor:</u>

Legen Sie einen 50 Euro Schein auf den Tisch und eine 50 Gramm Goldbarren.

Sie gehen mit dem 50 Euro Schein in ein Geschäft und wollen diesen als Tauschmittel einsetzen. Der Verkäufer hat aber kein Interesse an dem 50 Euro Schein, er lehnt diesen als Zahlungsmittel ab.

Wenn das Tauschgeschäft bzw. das Tausch Versprechen hinter dem 50 Euro Schein nicht mehr funktioniert, dann reduziert sich der 50 Euro Schein auf seinen tatsächlichen inneren Wert und dieser ist ein Stück Papier und somit wertlos.

(Haben Sie auch wertlose Papierscheine ehemaliger Währungen, etwa aus den Urlauben oder früheren Generationen?)

Nehmen Sie nun den 50 Gramm Goldbarren, wenn dieser nicht angenommen wird, dann haben Sie immer noch 50 Gramm Gold als inneren Wert.

Gold kann also im Gegensatz zur Papierwährung, bzw. Digitalen-Fiat-Währung, nicht wertlos werden, da es einen inneren (Sach)-Wert hat. Zudem ist Gold endlich und kann nicht endlos produziert werden (Kapitel 7).

Sachwert schlägt Buchwert

Aktien, Immobilien, Lebensversicherungen und Gold im Vergleich

In der Vermögensanlage empfehlen Spezialisten Ihren Mandanten seit jeher ein Drittel Mix zwischen Buchwerten, Immobilien und mobilen Sachwerten.

3-Speichen-Strategie

GELD ⅓
* Bargeld
* Kontoguthaben
* Aktien
* Fonds
* Kapital-LV

EDELMETALLE ⅓
* Gold
* Silber
* Platin
* Palladium

IMMOBILIEN ⅓
* Private Immobilie   * Gewerbeimmobilie
* Vermietungsobjekt   * Grundstück

Wie sieht Ihre Vermögensaufstellung bzw. Planung aus?
Stimmt bei Ihnen der Drittelmix aus der Grafik?

33

Die Anlage von Buchwerten und die 0 Zins Falle

Die Deutschen sind historisch verliebt in Buchwerte allen voran Lebens- und Rentenversicherungen, sowie Bausparverträge und Tagesgeld.

Diese (früher festverzinsten) Produkte sind aber Auslaufmodelle, da die Politik den Zins abgeschafft hat. Auf Grund der hohen Staatsverschuldung und der immer noch vorhandenen Finanzkrise seit 2008, haben die Notenbanken die Zinsen faktisch abgeschafft. Mit der Folge, dass das Geschäftsmodell der Banken und Versicherungen nicht mehr funktioniert. Für die Politik ist dies ein Segen, man kommt an billiges Geld und kann sich entschulden (wenn überhaupt). Für die Sparer und unsere privaten Renten ist es das Todesurteil!

Buchwerte/Geld

Sind alle Anlagen, welche Sie auf einem Kontoauszug haben. Also Sparbuch, Tagesgeld, Bausparverträge, Lebens- und Rentenversicherungen, Aktienfonds usw.

Geben Sie einer Bank oder einer Versicherung Ihr Geld zur Anlage, dann sind Sie bilanziell nicht mehr der Besitzer! Sie haben Ihren Besitz aus der Hand gegeben und einen Schuldschein auf Herausgabe bei Fälligkeit oder Kündigung.

Mein Tipp:
Werden Sie wieder Besitzer von Ihrem Vermögen – fangen Sie an, Eigentum zu bilden!

Einlagensicherung auf Sparguthaben

Am 05.10.2008 trat die Bundeskanzlerin mit dem damaligen Finanzminister vor die Presse und beruhigte die Deutschen Sparer. Aus Angst, dass die Banken pleite gehen, holten viele Sparer ihr Geld nach Hause.

Deutschland versprach für das gesamte Sparvermögen der Deutschen zu haften. Die Beruhigungspille funktionierte...

Laut Vermögensbilanz der Deutschen Bundesbank betrug das Vermögen der Deutschen auf Spareinlagen rund 2.400 Mrd. Euro.

Einlagen bis 100.000 Euro sind laut EU Gesetz staatlich garantiert. Dahinter steht die Einlagensicherung.

Das tatsächliche Kapital der Einlagensicherung deutscher Banken und Sparkassen liegt bei 1,13 Mrd. Euro, also ca. 0,4 % der Einlagensumme!

Den 100.000 Euro Einlage auf der Bank stehen somit ganze 400 Euro zur Deckung zur Verfügung.

Fällt eine Bank, dann greift das Auffangnetz, aber bei einem Dominoeffekt?

Wenn ein Lagerfeuer brennt, dann hilft ein Feuerlöscher. Brennt aber das ganze Haus, richtet der Feuerlöscher nichts aus.

„Wo soll das Geld denn herkommen, wenn tatsächlich keines vorhanden ist und mehrere Banken ausfallen?"

Der Staat, welcher selbst keine Rücklagen hat, sondern nur Schulden, kann dieses Geld dann logischerweise auch nicht in der Größenordnung herbeiführen.

Das größte Missverständnis vieler Anleger:
- Es besteht ein gesetzlicher Anspruch auf Entschädigung gegenüber dem Staat.
- Der Staat stellt die notwendigen finanziellen Mittel für die Entschädigung von Anlegern bis zur Grenze von 100.000 Euro bereit.

Nach der Finanzkrise in 2008 hat die Politik versprochen, das nie mehr Steuergeld zur Rettung von Banken eingesetzt werden soll.
Dieses Versprechen wurde durch das 2014 verabschiedete SAG Gesetz eingelöst. Denn zukünftig haften die Anleger mit Ihrem Geld nicht der Staat!

Bei einer Insolvenz wird ihr Geld zur Sanierung und Abwicklung von Banken verwendet. Dies wurde 2014 im SAG (Gesetz zur Sanierung und Abwicklung von Instituten und Finanzgruppen) geregelt. Ein Widerspruchsverfahren wurde gleich ausgeschlossen.

Sie fragen sich, warum Sie davon noch nichts gehört haben? Im § 5 SAG wurde von allen Beteiligten eine Verschwiegenheitsklausel vereinbart.

Lebens- und Rentenversicherungen

In den Altverträgen werden nur noch die Mindestzinsen ausgezahlt. Im Übrigen bekommen Sie die Zinsen immer nur auf das zinstragende Kapital, also ihren Einzahlungen abzüglich Kosten. Die Nettorendite ist also geringer als der Zins auf der Police einer Lebens- oder Rentenversicherung.

Zu beachten ist auch, dass seit einigen Jahren Ihre Dynamikerhöhungen nicht mit dem Rechnungszins bei Abschluss verzinst werden, sondern mit dem aktuellen Rechnungszins. Aus Renditegesichtspunkten daher keine Erhöhungen mehr!

Aktuell versuchen die Banken und Versicherungen alles, um die alten, festverzinsten Verträge los zu werden.

Passen Sie also auf, wenn Ihnen ein Berater eine Kündigung oder ein Wechsel in ein anderes Produkt anbietet. Die Berater bekommen Provision für jede Vertragsumstellung von einem festverzinsten Produkt in ein Risikoprodukt und Sie zahlen nochmals die volle Provision und machen bei Kündigung Stornoverluste!

Man versucht hier den Kunden mit Rendite-versprechen über den Tisch zu ziehen.

Schauen Sie, was Sie garantiert bekommen und nicht was möglich ist und vergleichen Sie die versteckten Kosten!

Ende 2019 standen schon 34 von 70 Lebensversicherungen unter "intensiver Aufsicht" der BaFin.

Auf Grund der bleibenden Niedrigzinsphase, der weiteren Staatsverschuldung, Ausweitung von Negativzinsen, Ausfällen von Kreditrückzahlungen usw. steigt das Risiko, dass wir Verstaatlichungen von Banken, Versicherungen, Pensionsfonds und Bausparkassen erleben, bzw. auch Pleiten zur Tagesordnung gehören werden.

Wir können nicht in die Zukunft schauen, aber die Wahrscheinlichkeit dieser Szenarien wächst von Monat zu Monat.

Mir ist einfach wichtig, dass Sie Hintergrund haben und nicht kalt erwischt werden.

Achtung: Sie haben kein Recht auf das Geld Ihrer Lebens- oder Rentenversicherung

Im Versicherungsaufsichtsgesetz § 314 (früher §89) steht zu Zahlungsverbot, Herabsetzung der Leistung folgendes:

Gesetz über die Beaufsichtigung der Versicherungsunternehmen (Versicherungsaufsichtsgesetz - VAG) § 314 Zahlungsverbot; Herabsetzung von Leistungen

(1) Ergibt sich bei der Prüfung der Geschäftsführung und der Vermögenslage eines Unternehmens, dass dieses dauerhaft nicht mehr imstande ist, seine Verpflichtungen zu erfüllen, die Vermeidung des Insolvenzverfahrens aber zum Besten der Versicherten geboten erscheint, so kann die Aufsichtsbehörde das hierzu Erforderliche anordnen, auch die Vertreter des Unternehmens auffordern, innerhalb bestimmter Fristen eine Änderung der Geschäftsgrundlagen oder sonst die Beseitigung der Mängel herbeizuführen. **Alle Arten von Zahlungen, besonders Versicherungsleistungen, Gewinnverteilungen und bei Lebensversicherungen der Rückkauf oder die Beleihung des Versicherungsscheins sowie Vorauszahlungen darauf, können zeitweilig verboten werden**. Die Vorschriften der Insolvenzordnung zum Schutz von Zahlungsabrechnungssystemen, Wertpapierliefersystemen und Wertpapierabrechnungssystemen sowie von dinglichen Sicherheiten der Zentralbanken und von Finanzsicherheiten sind entsprechend anzuwenden.

(2) Unter der Voraussetzung nach Absatz 1 Satz 1 **kann die Aufsichtsbehörde**, wenn nötig, **die Verpflichtungen eines Lebensversicherungsunternehmens aus seinen Versicherungen** dem Vermögensstand entsprechend

40

herabsetzen. Dabei kann die Aufsichtsbehörde ungleichmäßig verfahren, wenn besondere Umstände dies rechtfertigen, insbesondere, wenn bei mehreren Gruppen von Versicherungen die Notlage des Unternehmens mehr in einer Gruppe als in einer anderen Gruppe begründet ist. Bei der Herabsetzung werden, soweit Deckungsrückstellungen der einzelnen Versicherungsverträge bestehen, zunächst die **Deckungsrückstellungen herabgesetzt und danach die Versicherungssummen neu festgestellt**; ist dies nicht möglich, **werden die Versicherungssummen unmittelbar herabgesetzt**. **Die Pflicht der Versicherungsnehmer, die Versicherungsentgelte in der bisherigen Höhe weiterzuzahlen, wird durch die Herabsetzung nicht berührt.**

(3) Die Maßnahmen nach den Absätzen 1 und 2 können auf eine selbständige Abteilung des Sicherungsvermögens (§ 125 Absatz 6) beschränkt werden.

Zusammengefasst bedeutet dies folgendes:

1. **Ihre Versicherung kann eingefroren werden. Sie kommen nicht mehr an ihr Geld, auch nicht bei einer Kündigung.**

2. **Die Versicherungssumme wird neu definiert, also eine Enteignung.**

3. **Unglaublich dabei ist, dass Sie Ihre Beiträge in der bisherigen Höhe weiterzuzahlen haben!!**

Bleiben Sie daher wachsam bei Ihren Altverträgen und steigen Sie (rechtzeitig) aus und tauschen Ihr Geld in (mobile) Sachwerte um.

Immobilie

Immobilien sind feste Sachwerte. Sie hat einen Wert und kann nicht wertlos werden, ähnlich wie Gold. Immobilie heißt ja auch Immobilie, weil sie immobil ist, also starr und nicht mobil transportabel.

Der Kauf von Immobilien lohnt sich meiner Meinung (aus reinen Renditegründen) immer weniger, oft gar nicht mehr und wenn, dann nur für den Eigengebrauch oder wenn hohe Mieten Ihre Immobilie abbezahlen.
Die Immobilienpreise sind zu hoch, es hat sich hier eine Blase entwickelt, die irgendwann platzt. Die Mietpreise sind (zum Glück) langsamer gestiegen, als die Immobilienpreise selbst. Deshalb sollten Sie beim Wohneigentum als Kapitalanlage genau hinschauen und unbedingt rechnen.

Gehen Sie keine (zu hohen) Schulden ein, diese können in einer Rezession zur Falle werden.

Falls Sie eine Immobilie zur Kapitalanlage kaufen wollen, prüfen Sie die Rendite. Kaufpreis im Verhältnis zur Monatsmiete, abzgl. Rücklagen und Steuer.

Rechenbeispiel:
Kaufpreis 250.000 Euro, Kaltmiete 900 Euro, abzgl. 150 Euro Rücklagen für Renovierung etc., weiterhin abzgl. 200 Euro Steuer (schauen Sie wie viel von Ihrer Einnahme ans Finanzamt geht) entspricht noch 550 Euro.

Dem Kaufpreis von 250.000 Euro steht also eine Jahresmiete netto von 6.608 Euro entgegen, was einer Rendite von 2,64 % entspricht.

Hinzugerechnet dann noch ein Ausfallrisiko der Miete, Mietnomaden oder Sonstiges. Eigentum verpflichtet eben. Ich möchte nicht grundsätzlich gegen Immobilien reden. Sie sollten aber rechnen und schauen, ob sich der Kauf tatsächlich lohnt.

Für eine Immobilie spricht natürlich, das der Mieter Ihre Schulden abbezahlt durch die Miete.
Überlegen Sie einfach für Sich, was Sie wollen und was zu Ihrem Leben passt.

Wenn eine Immobilie Ihr Wunsch der Beimischung des Portfolios ist, nehmen Sie sich Zeit und nehmen die Beratung von Profis in Anspruch.

Für den Fall, dass Sie eine Immobilie finanzieren, machen Sie sich bitte bewusst, dass Sie eine Abhängigkeit eingehen und nicht so frei und flexibel sind als etwa mit mobilen Sachwerten.

Jeder Kredit den Sie eingehen, ist nichts anderes, als dass Sie Ihre zukünftige Arbeitskraft (oder Miete) an die Bank verkaufen!

Falls Sie sich jetzt fragen, ob der Goldpreis nicht auch zu teuer ist, um einzusteigen, wie bei den Immobilien?

Die Immobilien wurden durch das billige Geld künstlich aufgewertet. Daher sind sie höher im Verkauf als der eigentliche Marktwert - das ist eine Blase. Gold bildet hier immer neutral den Wert der Währung ab, es wurde nicht künstlich aufgewertet, wie die Immobilien, bzw. keiner kauft sein Gold auf Pump mit einem Kredit!

Gold wird im Gegensatz zu Immobilien eher künstlich abgewertet, da das System eher was gegen einen zu starken Goldpreis hat. Auf Grund der starken Nachfrage gelingt dies in Zukunft weniger.

Außerdem können Sie Gold ratierlich einkaufen (siehe Punkt 9), was bei der Immobilie nicht geht.

Aktien

Auf Grund der Politik des billigen Geldes erleben wir die letzten Jahre eine Geld Flut an den Börsen. Vergleicht man den Börsenwert der Unternehmen mit dem tatsächlichen Firmenwert, dann ist auch hier bereits eine Blase entstanden. Der Markt wird sich auch hier stark regulieren.

Wenn Sie in Aktien gehen, dann sollten Sie meiner Meinung nach in echte Aktien investieren und nicht etwa in Derivate (z.B. Indexfonds, ETF´s oder Fonds). Denken Sie dabei mit Hausverstand: In welches Unternehmen investiere ich? Ist das Unternehmen überbewertet oder im Wachstum? Wie verhält sich das Unternehmen in einer Krise? Welches Unternehmen / System unterstütze ich mit meiner Geldanlage ethisch und moralisch?

Schauen Sie sich die Gebühren an: gerade Fonds haben teilweise über 5 % Gebühr bei Kauf und nochmal einige % Punkte im Jahr an Gebühren und weitere Kosten beim Verkauf.

Generell gilt an der Börse, es ist ein Handel und das sollten Sie auch tun, also handeln und den Markt beobachten.

Wenn Sie ruhiges Fahrwasser wollen und Beständigkeit, dann mit Gold und Edelmetallen.

Zombiefirmen

Wenn wir über Aktien reden, also über Firmen, sollten wir hier auch über die Zombiefirmen reden.

Über 15 % aller Firmen in Europa sind sogenannte Zombiefirmen.

Was ist eine Zombiefirma?:
In einem normalen Zinsumfeld nimmt eine Firma ein Kredit auf für ca. 4 %, um zu expandieren. Sie muss also neben der Tilgung auch die 4 % Rendite für den Zins erwirtschaften und Zins und Tilgung zurückzahlen.

In dem heutigen Zinsumfeld bekommen viele Firmen Geld mit Minuszinsen. Das bedeutet, dass die Firma keine Zinsen zurückzahlen muss und sogar weniger an Kredit zurückzahlt, als sie bekommen hat.

Diese Firmen wären in einem normalen Zinsumfeld nicht überlebensfähig und funktionieren nur, weil Sie immer wieder billiges Geld nachgeschossen bekommen. Dies sind die sogenannten Zombiefirmen.
Sobald hier jemand hustet, bzw. die Geldpresse aufhört, kommt es zu einer Kettenreaktion.

Die Firmen gehen Pleite, die Menschen werden arbeitslos, die Banken bekommen die Kredite nicht bedient - was dann auch eine Kettenreaktion bei den Ausfällen der Banken mit sich bringt.

Mobile Sachwerte

Sind alle Sachwerte, welche Sie beweglich und einfach von A nach B bewegen können. Der Klassiker sind hier Edelmetalle und voran eben die Währung Gold. Daneben spielen auch Gemälde, Oldtimer, Whiskey usw. eine Nebenrolle.

Gold ist endlich

Im Gegensatz zur ungedeckten Währung Euro und Dollar, welche beliebig hergestellt werden kann, (Fiat Geld, siehe Seite 51ff.) ist Gold ein endliches Produkt. Die Menge ist von Natur aus begrenzt und der Mensch kann diese Menge nicht beeinflussen - dies hat Mutter Natur geregelt.

Ende 2021 betrug die weltweite Goldmenge gute 203.000 Tonnen.

Dies entspricht einem Würfel von gerade mal 22 Meter Kantenlänge.

Das Gold ist wie folgt verteilt auf der Welt:

47,6 % Schmuckindustrie
21,3 % private Investments (steigend)
17,2 % Notenbanken (steigend) und
13,9 % Sonstige
(Zahlen laut WorldGoldCouncil)

Die jährliche Neuproduktion der Minen liegt bei ca. 3.400 Tonnen, Tendenz fallend.

Dagegen stehen Reserven (Restmenge Gold, welche noch gefördert werden kann auf der Erde) von maximal 45.000 Tonnen.

Teilt man die Reserve durch die jährliche Nachfrage, dann ist das weltweite Gold in knapp 20 Jahren gefördert. Danach findet nur noch eine Umverteilung statt.

Wenn Angebot und Nachfrage eine Rolle spielen im zukünftigen Goldpreis, dann ist dieser Fakt ein Indiz für eine Goldpreissteigerung.

Aktuell betragen die Herstellungskosten einer Unze Gold ca. 1.300 Dollar. Würde der Goldpreis also unter diesen Wert fallen, befinden sich die Minen im Minusgeschäft. Da die Förderung jedes Jahr aufwendiger und teurer wird, ist dies auch ein Indiz für einen steigenden Goldpreis.
Der Herstellungspreis von Gold ist gleichzeitig auch ein Auffangnetz, da der Goldpreis nie lange unter diesen Wert sinken könnte.

Sie fragen sich, wie es bei dem (kleinen) Bruder Silber aussieht. Hier ist das Vorkommen auch in max. 20 Jahren erschöpft (mehr ab Seite 73).

Merke:

Gold und Silber sind in Ihrer Wertschöpfung endlich.

In gut 20 Jahren findet keine neue Wertschöpfung mehr statt!

Die Weltwährungen stehen vor dem Kollaps

Die Geschichte lehrt uns, dass es immer wieder zu Inflationen mit Währungsreformen kam, wenn Währungen ungedeckt vermehrt wurden.

Der Dollar als aktuelle weltweite Leitwährung war bis 1973 Goldgedeckt, d.h. es durfte nur so viel Papiergeld gedruckt werden, wie auch tatsächlich Gold zur Deckung des Papiergeldes vorhanden war.

1973 war der Hunger nach Geld größer als Gold vorhanden war. Die Golddeckung wurde schließlich aufgehoben. Dies war der Grundstein des heutigen Währungsproblems. Die Währungen der westlichen Welt sind auf einem sandigen Fundament gebaut.

Seitdem drucken die Notenbanken dieser Welt munter ungedeckt Dollar, Euro, Yen usw.

Apropos drucken

Die Bundesdruckerei in Deutschland hat seit Ihrer Gründung im Jahr 1879 bisher 6 Währungen gedruckt.

- Die Mark des neuen Kaiserreichs
- Die Mark vom ersten Weltkrieg bis 1923
- Die Rentenmark 1923 – 1924
- Die Reichsmark 1924 – 1948
- Deutsche Mark 1948 – 2002
- Euro seit 2002 bis?

Nicht nur der Euro verliert ständig an Kaufkraft, sondern auch die anderen Fiat Währungen.

Die Grafik zeigt sehr schön, wie die Kaufkraft hinter einer Währung sinkt, wenn Sie keine Golddeckung mehr hat.

Steigt der Wert von Gold, sinkt in Wirklichkeit nur die Kaufkraft der Währung, mit derer Gold bezahlt wird.

Hinzu kommt ein globales Schuldenproblem.

Wenn wir Gold als frühere Grundlage nehmen, dann hat alles Gold der Welt (ca. 195.000 Tonnen) einen Wert von guten 8 Billionen Dollar.

Das wir im Hintergrund ein ernstes Problem mit den ungedeckten Währungen haben, zeigen auch die Gold Käufe der Notenbanken. Bis 2008 wurde eher Gold verkauft, seit der Lehmann Pleite und der Finanzkrise wird in großem Stil Gold gekauft. Warum nur?

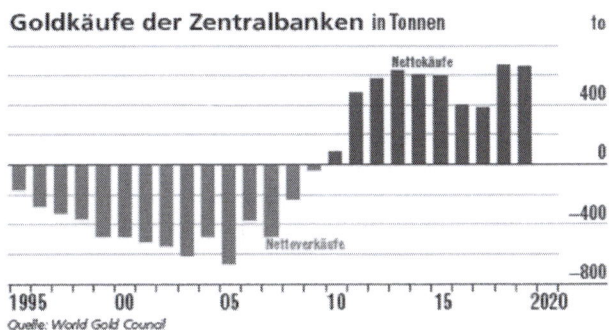

Zentralbanken bauen auf Gold

Vor rund einem Jahrzehnt kam es bei den Notenbanken rund um den Globus zu einem Umdenken. Gold ist nun wieder als Diversifikation sehr gefragt.

Goldkäufe der Zentralbanken in Tonnen

Quelle: World Gold Council

Die Menge an Papiergeld beträgt weltweit 25 Billionen Dollar. Unternehmensaktien haben einen Wert von 60 Billionen Dollar. Die globalen Schulden liegen bei 250 Billionen Dollar und die Derivate der Finanzindustrie (nicht gedeckte Finanzprodukte) bei über 700 Billionen Dollar.

Die Exter Pyramide nach dem US Ökonom John Exter zeigt diese globale Geldverteilung. Die Zahlen des IWF sind aus 2018, also vor der Corona Neuverschuldung.

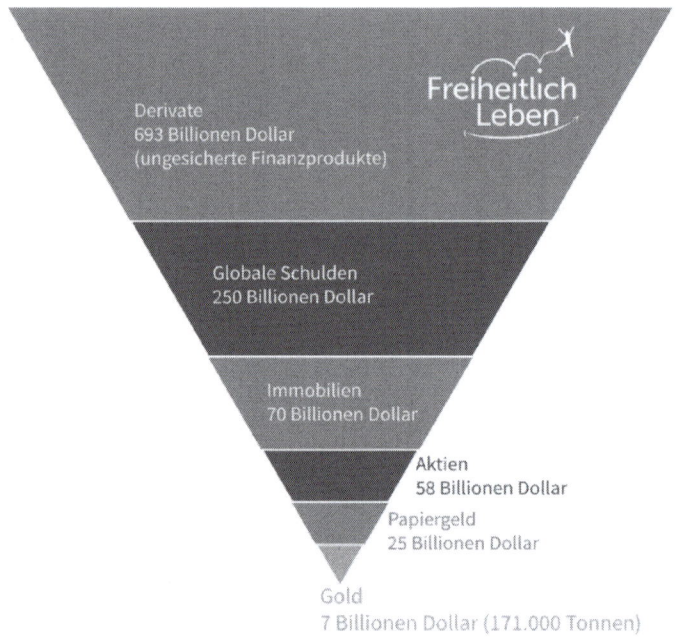

Zwischen dem Jahr 2008, in dem die letzte Finanzkrise ausbrach, und 2018 sind die Schulden der entwickelten Staaten der Welt von 25 auf 45 Billionen Dollar gestiegen – auf den höchsten Stand in der Weltgeschichte.

Addiert man alle Schulden - also nicht nur der OECD-Staaten, sondern auch die der anderen Staaten sowie die Verbindlichkeiten von Banken, Unternehmen und privaten Haushalten, dann kommt man auf 250 Billionen Dollar (vor Corona). Die Corona Krise hat die Schulden nochmals in die Höhe schnellen lassen auf 285 Billionen Dollar (Mitte 2021). Die globale Schuldenquote liegt damit über 60 % Prozentpunkte höher als vor Ausbruch der Finanzkrise im Jahr 2008 (Quelle: IWF).

Apropos Schulden

Würden wir alles Gold der Welt einsammeln und gegen die weltweiten Staatsschulden eintauschen, dann könnten wir nur etwa 1/8 der Schulden tilgen!

Schauen wir uns doch mal den Euro an, welcher seit 2002 unsere aktuelle Währung ist.

Im Jahre 2002 betrug die Verschuldungsquote in Europa 59,3 % des BIP (Bruttoinlandsprodukts, also der Wirtschaftsleistung) und Ende 2019 86,1 %.

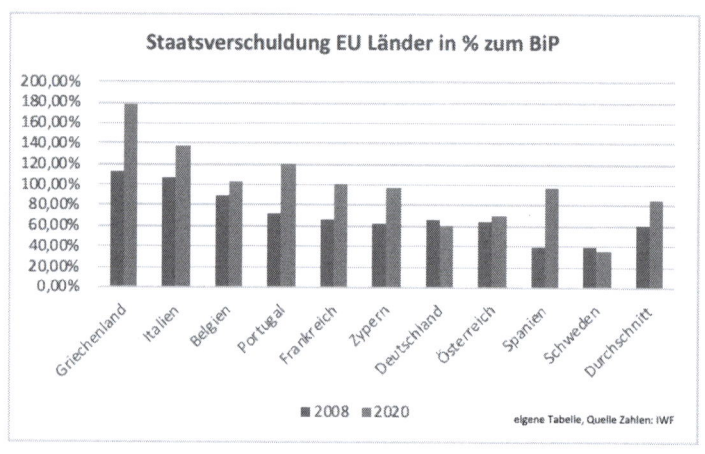

Hinzu kommt aktuell eine Neuverschuldungswelle durch Corona in nie dagewesenem Ausmaß. Sämtliche Schulden und Defizitregeln in Europa sind aufgehoben und die Staaten dürfen so viele Schulden machen, wie Sie wollen.

Nach der Lehmann Pleite/Finanzkrise im Jahr 2008 hat auch die EZB die Geld-Druckerpresse angeworfen.

Das bedeutet, dass die EZB Geld per Knopfdruck erstellt und es den Staaten zur Verfügung stellt und diese somit finanziert.

Je höher die Geldmenge, je größer der Werteverfall der Währung und je größer der Preisanstieg bei Gold – logisch oder?

Alarmierend

Die Bilanzsumme der EZB betrug im Jahr des Beginns der Finanzkrise 1,3 Bio. Euro. Bei der Erstauflage dieses Buches Anfang 2020 waren dies stolze 4,6 Bio. Euro. Und nach Corona...?

Anfang 2020 (schon vor den Corona Schulden) betrug die Bilanzsumme der EZB etwa 40 % des gesamten Bruttoinlandsproduktes eines Jahres der Euro Zone!!

Schon alleine die bisherigen Fakten sind alarmierend, aber auf Grund der Politik der Corona Krise und deren Folgen folgt nun das Sonderkapitel „nach Corona" in dieser 2. Auflage des Buches.

Sonderteil Corona Folgen

Corona ist noch nicht vorbei (und wird auch bleiben) und uns ereilen nun seit Herbst 2021 die ersten Folgen der Corona-Schulden-Politik.

Hier zunächst eine kleine Chronologie:

Ungeachtet von Corona stand das Finanzsystem im März 2020, zum zweiten Mal seit der Finanzkrise im Jahre 2008, kurz vor dem Aus. Nochmals hat man Unmengen an Geld in den Markt gebracht. Danach folgte die größte Geld-Druckaktion der Geschichte. Es spielt hierbei keine

Rolle, wie man zu Corona steht. Wir betrachten nur rein die finanziellen Fakten.

Die europäische Zentralbank (EZB):
Eigentlich ist es der EZB zur Wahrung der Integrität verboten, EU-Mitglieder oder die EU selbst zu finanzieren. Im Jahr 2007 (vor der Finanzkrise) war die Bank noch völlig unbeteiligt an den Länderfinanzen. Seit 2015 ist es der EZB zudem möglich im Rahmen des Public Sector Purchase Programms (PSPP) Staatsanleihen der europäischen Länder zu erwerben, um vordergründig die Inflationsrate zu stabilisieren. Im gleichen Jahr 2015 wurde die Oberaufsicht der Banken von der EU zur EZB abgegeben.

Der Stabilitätspakt der Euro Einführung, die Maastricher Kriterien, wurden 2002 festgelegt: Diese waren, max. 3 % Neuverschuldung vom BIP des jeweiligen Landes und der Ausschluss der gegenseitigen Haftung. Mit diesem Wissen im Hintergrund schauen Sie sich mal die <u>ersten zwei Wochen</u> der Corona Krise mit den aufgenommenen Schulden in der Grafik an:

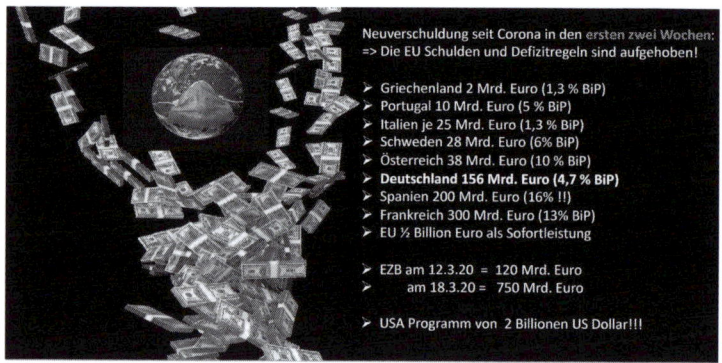

Neuverschuldung seit Corona in den ersten zwei Wochen:
=> Die EU Schulden und Defizitregeln sind aufgehoben!

➤ Griechenland 2 Mrd. Euro (1,3 % BiP)
➤ Portugal 10 Mrd. Euro (5 % BiP)
➤ Italien je 25 Mrd. Euro (1,3 % BiP)
➤ Schweden 28 Mrd. Euro (6% BiP)
➤ Österreich 38 Mrd. Euro (10 % BiP)
➤ **Deutschland 156 Mrd. Euro (4,7 % BiP)**
➤ Spanien 200 Mrd. Euro (16% !!)
➤ Frankreich 300 Mrd. Euro (13% BiP)
➤ EU ½ Billion Euro als Sofortleistung

➤ EZB am 12.3.20 = 120 Mrd. Euro
➤   am 18.3.20 = 750 Mrd. Euro

➤ USA Programm von 2 Billionen US Dollar!!!

Die Corona Krise hat sämtliche Defizitregeln in Europa und den USA außer Kraft gesetzt.

Dass Europa selbst als Schuldner auftritt, war politisch vor Corona nicht durchsetzbar. Am 12.02.21 wurde der europäische Schuldenfonds offiziell gegründet. Geplant mit 500 Mrd. Euro und nochmals schnell auf 750 Mrd. Euro aufgestockt, hat nun die europäische Union als Institution selbst eigene Staatsschulden aufgenommen – zu den Schulden der einzelnen europäischen Länder selbst dazu.

Hinzu kommt das Anleihen-Aufkaufprogramm der EZB kurz PEPP (Pandemic Emergency Purchase Programm). Und hier ist wirklich PEPP drin. Hauptsächlich werden durch das PEPP Programm Staatsanleihen der EU Staaten gekauft, aber auch Unternehmensanleihen.

Wie das funktioniert: Die EZB erstellt neue Euros per Knopfdruck, um diese dann den Staaten als Kredit zur Verfügung zu stellen. Geplant waren 750 Mrd. Euro. Bis heute hat das PEPP Programm 1,85 Billionen Euro an Volumen.

In der Bilanzsumme der EZB können Sie die Geldmengenerweiterung sehen.

⇨ Euro Einführung 2002   = 0,8 Bio. Euro
⇨ Bruch Maastricher Kriterien
    2004-2008   = 1,5 Bio. Euro
⇨ Finanzkrise 2008   = 2,15 Bio. Euro
⇨ Bankenrettung 2012   = 3,08 Bio. Euro
⇨ Erweiterung wg. Instabilität der EU und des
    Euros bis März 2020   = 4,6 Bio. Euro
⇨ Corona Schulden, 2021/22 = 8,5 Bio. Euro

Die Geldmenge der EZB in der EU wurde somit in 1 ½ Jahren um 80 % erhöht!

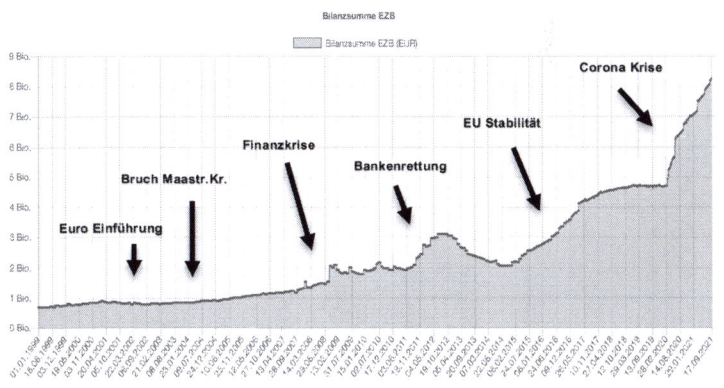

Bilanzsumme EZB

Bilanzsumme EZB (EUR)

Damit ist die EZB Europas größter Gläubiger. Je höher sich die Staaten verschulden, je größer deren Abhängigkeit von dem Geldgeber. Die politische Souveränität verschwindet mit dem Maße der Abhängigkeit des Geldgebers.

Laut OECD hält die Notenpresse rund 36 Prozent der Staatschulden Deutschlands, in Österreich sind es 27 Prozent. Anteilig größter Schuldner sind die Niederlande mit etwa 37 Prozent der Staatschulden.

Bisher wurden über 20 Bio. Dollar in den Geldkreislauf eingespeist, ohne dass ein Ende in Sicht ist.

Der internationale Währungsfonds (IWF):
Ein weiterer Hinweis, dass im Hintergrund von Corona Gefahr im Verzug ist, was die Finanzen angeht, zeigt die Erhöhung der eigenen Reservewährung des IWF in Höhe von 650 Mrd. Dollar. Das ist ohne Beispiel in der Geschichte.

Der Verwaltungsrat des IWF hat am 02. August 2021 in Washington die Zuteilung neuer Sonderziehungsrechte (SZR) an seine 190 Mitgliedstaaten beschlossen. Umgerechnet in der eigenen Währung des IWF sind dies 456 Mrd. SZR.

Das Sonderziehungsrecht des IWF ist ein 1969 eingeführtes Reserveguthaben, ein Anspruch auf frei verwendbare Währungen der IWF-Mitglieder. Bislang wurde der Bestand an SZR dreimal aufgestockt. Eine allgemeine Zuteilung gab es zuletzt 2009.

Während der Finanzkrise wurden SZR im Gegenwert von 250 Mrd. US-Dollar geschaffen.

USA:

In den USA stehen 4 Mio. Menschen vor der Zwangsräumung und 40 Mio. US Bürger können sich nicht mehr selbst ernähren.

Im September 21 standen die USA ein weiteres Mal kurz vor dem Staatsbankrott. Es drohte der Zahlungsausfall der öffentlichen Hand. Durch ein weiteres Schuldenprogramm konnte dies abermals abgewendet werden. Und das alles in dem reichsten Land der Welt?

Die Produktionen liegen teilweise weltweit am Boden. Zulieferungen fallen aus, Rohstoffe verringern sich stets. Erzeugerpreise, Rohstoffpreise, Nahrungsmittelkosten und Energiekosten sind inflationär. Und der Mittelstand kämpft um das Überleben.

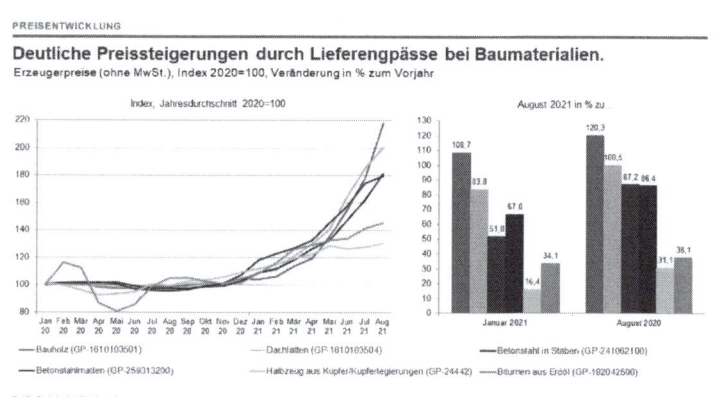

PREISENTWICKLUNG

Deutliche Preissteigerungen durch Lieferengpässe bei Baumaterialien.
Erzeugerpreise (ohne MwSt.), Index 2020=100, Veränderung in % zum Vorjahr

Die mittlere Inflation bei Baumaterialien liegt bei 70 – 100 % im Jahr (2020-2021)!

Inflation ist nichts anderes, als dass eine steigende Geldmenge auf ein geringeres Angebot trifft.
Genau dies wurde durch die Corona Maßnahmen erzeugt. Immer mehr Geld auf weniger Angebot.

Die aktuellen Fiskalen Rettungsmaßnahmen sind der größte Verzweiflungsakt, um das System am Leben zu halten. Nach der Finanzkrise im Jahre 2008 druckt man nun dauerhaft Billionen von neuem Geld ins System. Man fährt die Zinsen auf 0 herunter und immer weiter in den Minuszins.
Ende November 2021 wurde die Amtszeit von Jerome Powell, dem Chef der US Notenbank FED, verlängert. Ein weiter so, ist damit sicher.

Eine dauerhafte Ausweitung des Minuszins führt zu einem Sterben der Banken, da diese nicht lange mit einem Minuszins überlebensfähig sind.

Es gibt offensichtlich nur noch zwei Möglichkeiten:

Die Wahl zwischen dem Kollaps oder einer immer stärkeren Inflation.

Wer hat einen Vorteil?

Auf der anderen Seite dürfen wir uns die Frage stellen, wer die Gewinner der aktuellen Situation sind.

Die Gewinner sind die großen Vermögensverwalter und die Digitalkonzerne. Zusammen bilden Sie eine Interessensgemeinschaft, das **„Digital-Finanzielle-Konstrukt**".

Die größten Vermögensverwaltungen der Geschichte sind: Black Rock, Fidelity, State Street Corporation und Vanguard.

Die vier größten Vermögensverwalter der Welt sind:

Firma	Sitz	Gründung	verwaltendes Vermögen	Umsatz
Black Rock	New York, USA	1988	9,5 Bio. USD	22 Mrd. USD
Vanguard	Valley Forge, USA	1975	7,3 Bio. USD	7 Mrd. USD
Fidelity	Boston, USA	1946	4,2 Bio. USD	21 Mrd. USD
State Street	Boston, USA	1792	3,15 Bio. USD	12 Mrd. USD

Zusammen verwalten alleine diese vier ein Volumen von über 24 Bio. USD.

Im Vergleich dazu:
Das Bruttoinlandsprodukt der 28 EU-Staaten liegt bei 15,7 Bio Dollar.

Diese Vermögensverwalter sind somit von Ihrer Kapitalkraft im Stande, jeden Staat in die Knie zu zwingen.
Black Rock ist zudem Besitzer des weltweit größten Finanzanalysesystems namens Aladdin. Spätestens seit der Finanzkrise 2008 wurden die Fähigkeiten von Aladdin stark begehrt. Denn die Software kann Fonds, Staatskassen, Notenbanken dabei helfen, hunderte Milliarden an toxischen Papieren zu analysieren und deren Zusammenhänge darstellen. Aladdin sammelt bereits 40 Jahre lang Finanzdaten. Damit ist das System heute praktisch unbezahlbar.

Black Rock ist damit nicht nur weltweit größter Vermögensverwalter, sondern auch Berater Nummer 1 der Notenbanken.

Die Digitalkonzerne

Apple, Microsoft, Amazon, Facebook und Alphabet (Google Tochter) sind die größten Digitalkonzerne und somit der zweite Sieger neben den vorher genannten vier Vermögensverwaltungen.
Der Börsenwert dieser 5 Konzerne beträgt über 9,1 Bio. USD und damit mehr, als das BIP in Höhe von 8,6 Bio. USD der Staaten von Deutschland, Frankreich und Italien zusammen!

Die vier größten Digitalkonzerne der Welt

Firma	Sitz	Gründung	Börsenwert	Umsatz
Apple	Cupertino, USA	1976	2,36 Bio. USD	275 Mrd. USD
Microsoft	Albuquerque, USA	1975	2,17 Bio. USD	41,7 Mrd.USD
Alphabet	Mountain View, USA	2015	1,88 Bio. USD	183 Mrd. USD
Amazon	Bellevue, USA	1994	1,69 Bio. USD	114 Mrd. USD
Facebook	Menlo Park, USA	2004	1 Mrd. USD	86 Mrd. USD

Damit verzeichnen die Digital- und Finanzkonzerne seit Corona über die höchsten Gewinne ihrer Geschichte.

Es wird das „alte" Finanzsystem geplündert und gleichzeitig im Hintergrund ein neues digitales System aufgebaut.

Die EU hat eine neue Behörde zur Bekämpfung der Geldwäsche und des Terrorismus ins Leben gerufen. Die Anti-Geldwäsche-Behörde ALMA (Anti-Money Laundering Autority). Deren Aufgaben: Begrenzung von Bargeld, Hilfe bei einer möglichen Abschaffung von Banken, Umbau im Rahmen der Digitalisierung, der Aufbau eines europaweiten Vermögensregisters die Nachverfolgung von Kryptowährungen usw.
Alles unter dem Mantel der Geldwäsche- und Terrorbekämpfung.

Digitaler Euro
Mitten in der Corona Krise hat die EZB im Übrigen den digitalen Euro beschlossen. Es ist also nur noch eine Frage der Zeit, bis wir uns an eine digitale Währung gewöhnen müssen.

Ein Minuszins ist übrigens im digitalen System ein einfacher Programmierungsvorgang.
Digitale Konten könnten auch einer besseren Überwachung (z.B. bei individuellen Steuersätzen), Strafzahlungen, und Einfrieren von Konten möglich

machen. Möglich ist auch das der Einsatz des digitalen Geldes an einen bestimmten Zeitraum, eine bestimmte Region, für eine vorbestimmte Warengruppe zu erfolgen hat. Auch die Blockade von bestimmter Wareneinkäufe ist denkbar.
Zusammen mit dem Einsatz der künstlichen Intelligenz wäre dies der wirksamste Steuermechanismus seit Bestehen von Geld.

Wenn Sie mehr wissen möchten empfehle ich die beiden Bücher: „Die Vierte Industrielle Revolution" und „The Great Reset" von K. Schwab / Weltwirtschaftsforums. Das bisher Erlebte lässt sich hier wie eine Agenda lesen.

Krisen sind auch immer Chancen!

Für Sie als Leser liegen mir zwei Dinge am Herzen.

1.) Die Vermittlung der Situation, damit Sie Erkenntnis bekommen und handeln können.

2.) Das Aufzeigen vom Perspektiven, damit Sie gut durch die Krise kommen.

Bei allem Durcheinander auf der Welt und sämtlichen Prognosen wird sich die Welt immer weiterdrehen. Die Menschen werden andere Möglichkeiten finden, um gut zu leben.

Ich bin überzeugt, dass diese Zeit eine Brücke ist für eine bessere Zukunft mit mehr Liebe, Freude, Miteinander und Achtsamkeit.

Wie in der Natur, muss manchmal etwas verblühen, damit etwas Besseres nachkommt.

Wir als Menschen entscheiden, welchen Weg wir gehen möchten und so habe ich den festen Glauben, dass die Menschheitsfamilie durch Liebe, Weisheit, Einsicht und Erkenntnis einen besseren Weg wählt als der Plan mancher Eliten aktuell.

Mit manchen Problemen ist es, wie in einer Waschmaschine. Man wird ordentlich durchgeschleudert und gewirbelt, doch am Ende kommen wir dann wieder viel heller und stärker heraus.

In den weiteren Kapiteln geht es jetzt konkret um Lösungsansätze für Sie mit den friedvollsten Anlageklassen Gold, Silber, Weißmetallen und den spannenden Technologiemetallen.

Gold ist anonym

Seit dem Jahr 2020 können Sie Gold nur noch bis 2.000 Euro anonym kaufen. Darüber hinaus muss der Goldhändler Ihre Personalien aufnehmen. Dies ist im Geldwäschegesetz GWG so geregelt. Eine Begrenzung der kaufbaren Goldmenge gibt es hingegen nicht!

Legen Sie das gekaufte Gold in ein Lager oder ein Bankschließfach, dann ist es auch registriert und nicht mehr anonym.

Ich rate Ihnen an dieser Stelle von einem Bankschließfach ab. Banken sind im Krisenfall systemrelevant und Sie kommen dann nicht mehr an Ihr Gold ran.

Nach der letzten Finanzkrise waren Zypern und Griechenland die besten Beispiele dafür und erinnern Sie sich – es war der Euro in Europa.

Außerdem gibt es mittlerweile ein EU Gesetz eines Schließfachregisters, d.h. die Banken müssen die Schließfächer registrieren und an die

Finanzbehörde melden. Das Gesetz wurde in der 7. EU-Geldwäscherichtlinie mit verpackt.

Wenn Sie jedoch physisches Gold besitzen (also selbst zu Hause haben) dann ist es genauso anonym wie Bargeld.

Kein Mensch weiß, ob Sie welches haben oder ob Sie es verschenkt oder verkauft haben.

In Zeiten immer stärkerer Regulierung durch den Staat und der immer größer werdenden Diskussion um die Abschaffung vom Bargeld, bietet <u>Gold</u> eine einzigartige Chance, Vermögen <u>legal</u>, <u>steuerfrei</u>, <u>anonym</u> zu <u>besitzen</u> und dabei die <u>Kaufkraft</u> zu <u>erhalten</u>.

<u>Gold ist</u> daher <u>Freiheit</u>!

Regeln für den richtigen Goldkauf

Händler

Im Western kennt man die Cowboys, welche auf eine Münze beißen um zu testen, ob diese echt ist. Dieses Verfahren zur Feststellung echten Goldes funktioniert leider nicht.

Dies bedeutet für Sie, dass Sie praktisch keine eigene Möglichkeit haben die Echtheit selbst zu prüfen. Um dies zu können brauchen Sie hochpreisige Geräte, wie Sie Goldhändler haben. Sie selbst müssten mehrere verschiedene Verfahren anwenden, um Ihr Gold daheim zu testen. Dies ist praktisch unmöglich.

Kaufen Sie deshalb Gold und Edelmetall nur bei seriösen Händlern, welche schon länger am Markt sind. Vergleichen Sie die Einkaufs- und Verkaufspreise. Vergewissern Sie sich vor allem bei den vielen Onlineshops über deren Seriosität.

<u>Beachte</u>:
Schauen Sie sich den Tageskurs von Gold an. Immer wenn Ihnen jemand im Internet Gold oder Silber günstiger anbietet ist etwas faul!

Warum sollte jemand eine Währung, einen Sachwert, unter dem offiziellen Preis verkaufen! Wenn Sie Edelmetall 10 % bis 30 % unter dem Marktwert kaufen können, dann Finger weg!

Sie können sicher sein, dass es sich um gefälschte Ware handelt!

Es gibt eine große Anzahl von guten Goldhändlern und Edelmetallberater in Deutschland, Österreich und der Schweiz, welche physisches Gold verkaufen.

Ebenso Anbieter von Sparplänen und Lagerstätten. Während meiner Tätigkeit als Edelmetallberater habe ich viele Händler verglichen. Ich verzichte an der Stelle aber auf Empfehlungen, da am Ende jedes Anlageziel auch eine spezielle Lösung braucht.

Falls Sie an der Stelle Fragen haben, schreiben Sie mir einfach eine E-Mail. Die Kontaktadresse finden Sie auf der letzten Seite des Buches.

Goldpreis

Gold hat einen fixen Marktwert, d.h. das Goldpreis Fixing aus London gibt den Preis vor und die Währung Gold hat dann einen aktuellen Kurs zum Dollar. Gold wird zunächst immer in Dollar fixiert. Danach dann mit dem Dollar-Kurs zum Euro-Kurs umgerechnet und Sie haben Ihren Ankaufspreis von Gold in Euro.

Steigt der Euro zum Dollar, bekommen Sie mehr Gold für den Euro. Sinkt der Wert des Euros, müssen Sie mehr für das Gold in Euro bezahlen.

Münzen oder Barren

Beim Gold gibt es keinen großen Unterschied zwischen Anlagemünzen wie etwa dem Krügerrand, dem Maple Leaf oder dem Wiener Philharmoniker und einem Barren.

Vergleicht man den 1 Unzen Barren mit der 1 Unze als Münze, dann ist die Münze einen kleinen Tick teurer wg. der Prägung.

Es ist letztlich Geschmackssache.

Gold ist nicht gleich Gold

Stellen Sie sich vor, Sie sind Goldhändler und Sie bekommen Gold zum Ankauf. Von einem Kunden bekommen Sie einen zertifizierten Goldbarren mit Nummerierung und klarer Herkunft.

Diesen Barren bekommen Sie als Händler genauso wiederverkauft. Sie zahlen also einen guten Ankaufspreis, welcher sich am offiziellen Goldpreis orientiert.

Der nächste Kunde kommt mit einem gegossenen Barren aus der Türkei oder aus Afrika. Sie bestimmen die Reinheit und Qualität und auch diese ist OK. Sie wissen aber, dass Sie diesen Barren als Händler nicht verkauft bekommen. Somit zahlen Sie nur den Schmelzpreis an den Verkäufer, da Sie den Barren zur Scheideanstalt einschicken müssen, um ihn einzuschmelzen.

Der Unterschied beträgt je nach Produkt und Händler ca. 5 – 20 Prozent!

Finger weg von Goldgranulat oder undefinierten Barren aus Südafrika. Diese Ware kauft Ihnen kein Händler ab!

Kaufen Sie nur Barren mit LBMA Zertifikat.

LMBA

LBMA ist die Abkürzung für „London Bullion Market Association" Die Organisation ist der wichtigste außerbörsliche Handelsplatz für Gold und Silber, sowie einer der global bedeutenden Rohstoffhandelsplätze in der City of London. Hier wird seit 1919 der Weltmarktpreis für Gold und seit 1897 der Weltmarktpreis für Silber festgestellt.

Scheideanstalten/Prägeanstalten, welche Barren und Münzen nach dem LBMA Standard herstellen, müssen Qualitätsrichtlinien (wie Reinheit und höchste Prägegüte usw.) einhalten und auch die Herkunft der Minen und Verzicht auf Kinderarbeit usw. sind fixiert.

Infos unter www.lbma.org.uk

Aufgeld während Krisen und Engpässen

Der Preis von Goldbarren und Goldmünzen (und allen anderen Edelmetallen) richtet sich nach dem jeweiligen Handelskurs.

Zu dem Goldpreis kommt ein Aufpreis des Goldhändlers, mit welchem er sein Geld verdient. In normalen Zeiten ist diese Spanne bei ca. 1 – 1,8 %. In Krisenzeiten bzw. Zeiten von hoher Nachfrage steigt dieses Aufgeld bis auf teilweise über 6 % an. Angebot und Nachfrage bestimmen also das Aufgeld. Bei Silber haben wir nach der Corona Krise Aufgelder von 25 % erlebt.

In einer Krise spielt das Aufgeld weniger eine Rolle, da man sozusagen um jeden Preis den Währungstausch von Euro in Edelmetall machen möchte.

Beachten Sie dies trotzdem. Meine Empfehlung ist, einen Teil sofort zu kaufen und dann ratierlich mit einem Sparplan zu arbeiten.
(siehe nächster Punkt).

Wie kaufen Sie am günstigsten Gold?

Dies ist wohl die Gretchen-Frage und die Antwort ist etwas schwieriger.

Am günstigsten Kaufen bedeutet, so viel Gramm Gold wie möglich für einen Euro zu bekommen.

Wenn das Ihr Ziel ist, müsste ich Ihnen sagen, dass Sie am besten 1 kg Barren kaufen, denn hier haben Sie am meisten Gramm zum Euro.

=> 1KG Barren kostet zum Zeitpunkt des Schreibens dieser 2. Auflage ca. 52.000 Euro

Der Grammpreis eines 1kg Barren liegt also bei 52 Euro. (52.000 Euro geteilt durch 1000 Gramm).

3 Nachteile hat der Kauf eines 1 kg Barrens:

a. Nicht jeder hat das Geld zum Kauf eines Kilos einfach so.

b. Man kann von dem Kilo Goldbarren nichts abschneiden, also nur wieder als Ganzes Kilo verkaufen. Kleine Teilverkäufe gehen nicht.

c. Das Kursrisiko steigt je höher die Einmalsumme ist, da Sie nicht wissen, ob Sie teuer oder günstig eingekauft haben - im Verhältnis zu der Entwicklung des Goldpreises der Zukunft.

Genauer zum Punkt c):
Tendenziell steigt der Goldpreis über die Jahrzehnte oder Jahrhunderte, da er immer eine Inflation ausgleicht. Innerhalb von kurzen Zeiträumen schwankt der Kurs aber auch stark, da er politische und wirtschaftliche Probleme abbildet und auch von Banken (immer weniger) manipuliert werden kann.

Kaufen Sie also 1 kg Barren für z.B. 52.000 Euro und der Kurs sinkt auf 46.800 Euro und Sie müssen verkaufen, dann haben Sie 10 % weniger an Geld beim Verkauf. Wollen oder müssen Sie nicht verkaufen, können Sie natürlich warten, bis sich der Kurs erholt. Nachkaufen wäre auch gut, hier haben Sie aber evtl. alles Geld schon für den Kilo Barren ausgegeben.

Die Lösung liegt also auf der Hand: Am besten also jeden Monat ratierlich kaufen und nicht zu viel auf einmal. Sie kaufen dann mal zu höheren Preisen und andere Monate zu tieferen Preisen. Die normalen Kursschwankungen nutzen Sie somit für einen guten Durchschnittseinkauf. Man nennt diesen Einkaufsvorteil auch den Cost Average Effekt.

Cost Average Effekt richtig nutzen

Herausforderung beim ratierlichen monatlichen Kauf.

Problem hierbei ist aber dann ein höherer Goldpreis als beim 1 kg Barren.

Aber spielen wir es mal durch.
Sie gehen jeden Monat auf die Bank oder zum Goldhändler und wollen ratierlich, monatlich 100 Euro sparen, dann passiert folgendes.

Der kleinste Barren ist der 1 Gramm Barren. Dieser liegt zum Zeitpunkt des Schreibens bei einem Verkaufspreis von ca. 63 Euro.

Vergleichen wir das mal mit dem kg Barren von vorhin:

=> 1 Gramm Barren 63 Euro
=> 1 Gramm bei einem Kilo-Barren 52 Euro

Sie haben also einen Aufschlag zu bezahlen von ca. 20 bis 25 %!!

An dieser Stelle hören die meisten Menschen auf sich mit dem Goldankauf zu beschäftigen, da Sie sich den 1- Kilo- Barren nicht kaufen können und kleinere Stückelungen wirtschaftlich keinen Sinn machen.

Eine clevere Lösung

Kaufen Sie größere Stückelungen, ab 1 Unze oder größer. Sehr gut sind auch die Barren mit 50g und 100 g.

Sie haben hier aber auch schon wieder Einkaufspreise von 1.700 – 5.000 Euro und dies ist für einen monatlichen ratierlichen Kauf mit Cost-Average Effekt auch zu hoch.

Daher empfehle ich, erkundigen Sie sich am Markt und schließen Sie einen guten Goldsparplan ab.

Dies ist eine clevere Form, bei der Sie auch schon mit 50 oder 100 Euro im Monat einen guten Gramm Preis bekommen (da die Gemeinschaft einkauft) und Sie sich nicht selbst um das Thema kümmern müssen.

Aber Vorsicht, vergleichen Sie die Anbieter an Hand folgender Kriterien:

- Genauer Einkaufspreis pro Gramm
- Physische Lieferung schon ab kleinen Stückelungen (also ab 1 Unze).
- Transparente und einmalige Abschlusskosten.
- Keine laufenden Kosten für den Sparplan oder Kostenabzug bei Kurssteigerung usw.
- Geringe Einlagerungsgebühr (etwa 0.3 – 0,5 % bei Gold sind in Ordnung)

- Das Gold sollte nicht beim Anbieter des Sparplanes liegen. Besser ist eine externe Lagerung, damit es im Falle einer Insolvenz des Sparplan-Anbieters nicht in die Insolvenzmasse geht. Achten Sie also darauf, dass es Sondervermögen ist. Sie müssen von Anfang an Eigentümer sein.

Papiergold oder physisches Gold?

Ach ja, Edelmetall und wahre Werte. Nur echte physische Ware gehört Ihnen. Kaufen Sie einen Gold Index oder einen Fonds, wird nicht die Menge Gold physisch gekauft und Sie sind auch nicht der Besitzer und Eigentümer!

Es wird weltweit über 8-mal mehr Gold gehandelt als es physisch gibt. Daher nur echtes, vorhandenes Gold kaufen, Sie laufen sonst Gefahr, dass die Gesellschaft nicht liefern kann, wenn zu viele Kunden Gold geliefert haben wollen.

Physisch zuhause oder eingelagert?

Hier kommt es tatsächlich auf Ihre Ziele an. Physisches Gold ist anonym und Sie können es zum Beispiel auch einfach verschenken.

Zu beachten ist der Sicherheitsaspekt zu Hause. Versichern Sie die Wertsachen in Ihrer

Hausratversicherung gegen Diebstahl. Bei größeren Summen ist ein Tresor meist Vorschrift.

Sprechen Sie hierüber vor dem Kauf mit Ihrer Hausratversicherung und erkundigen sich über deren Vorgaben zur Beschaffenheit des Tresors.

Eingelagertes Gold hat den Vorteil, dass Ihr Gold gegen Feuer, Diebstahl usw. versichert ist. Sie können in der Regel täglich zum aktuellen Kurs verkaufen und sind sehr flexibel, haben es aber nicht selbst physisch zu Hause in der Hand.

Bei größeren Summen empfehle ich eine Mischung beider Varianten.

Es gibt viele Online Händler, die Gold für Sie einlagern. Bitte vergleichen Sie Kosten (Kaufgebühr, Lagerkosten, sonstige Gebühren). Wer ist Besitzer und Eigentümer?
Wo ist der Firmensitz? Welches Recht gilt bei einem Rechtstreit? usw.

Überlegen Sie, wie Sie das Gold wieder zurücktauschen wollen. Kleinere Stückelungen haben den Vorteil, dass Sie Kleinbeträge wieder umtauschen können. Größere Stückelungen sind im Einkauf etwas besser. Es sollte daher zu Ihrem Umtauschverhalten passen.

Reden ist Silber und Schweigen ist Gold. Reden Sie nicht mit jedem über Ihren Goldbesitz. Was keiner weiß, macht niemanden heiß...

Der (kleine) Bruder Silber

Keimtötend, ideal strom- und wärmeleitend, beste Reflexionseigenschaften – und dann auch noch werterhaltend – kurzum das Supermetall.

Weltweit gibt es ca. 14-mal so viel Silber wie Gold.

Schauen wir dieses Verhältnis an, dann müsste Gold ja eigentlich 14-mal teurer sein als Silber. Da Silber aber ein Industriemetall ist und keine Währung, hat es (noch) nicht den Ruf als reine Krisenwährung.

Die Gold-Silber Ratio zeigt das Verhältnis vom Preis von Silbermünzen zu einer Goldmünze.

1975 musste man für eine Goldmünze etwa 30 Silbermünzen aufwenden. Ende 2021 sind wir bei 75 Stück. Der Mittelwert lag etwa bei gut 50 Münzen.

Viele Rohstoff Experten sagen Silber daher eine höhere zukünftige Performance nach als bei Gold. Silber ist auch in etwa 20 Jahren weltweit aus der Erde geschöpft, ähnlich wie Gold.

Im Vergleich zu Gold ist Silber aber ein Industriemetall und wird verbraucht. Der größte Teil vom weltweiten Silber wurde verbaut, etwa in Elektronik und ist damit verloren gegangen. Nur ein geringer Teil wird recycelt. Gold dagegen ist ein Verteilungsmetall und nur ein kleiner Bruchteil ist über die Industrieprodukte verloren gegangen.
Ein Beispiel zeigt den zukünftigen Bedarf an Silber: In einem herkömmlichen PKW wurde etwa eine Unze Silber verbaut. Bei den E-Autos sind es pro Auto schon 3-4 Unzen.
2020 wurden 45 Mio. Unzen Silber für die Automobilindustrie benötigt und die Prognose bis 2025 sind etwa 85 Mio. Unzen Silber.

Deshalb ist es bei vielen Experten ein Anlagetipp, ähnlich wie bei Technologiemetallen.

Ich empfehle Ihnen auf jeden Fall Silber in Ihr Anlage-Portfolio zusätzlich zum Gold.

Silber ist steuerpflichtig!

Beim Kauf von Silberbarren fällt daher die Mehrwertsteuer an.

Wollen Sie physisches Silber kaufen, dann greifen Sie daher eher zu Silbermünzen, hier gilt nur eine Differenzsteuer von 7%.

Eine sehr kluge Alternative für höhere Beträge ist Silber eingelagert im Ausland zu kaufen. Hier fällt dann weder für An- noch Verkauf eine Steuer an.

Außerdem liegt der Unterschied zwischen 1 kg Lagersilber und 1 kg Silbermünze oft bei über 20%. Dies liegt an den Aufgeldern der Stückkosten bei Münzen. Siehe hierzu Punkt 6 im Kapitel 9.

Den besten Einkaufspreis erzielen Sie beim Kauf von 10 oder 15 kg Silberbarren als Lagersilber. Hier empfehle ich eine Einkaufsgemeinschaft zu nutzen, über welche Sie monatlich, also ratierlich

Silber kaufen können, zu extrem guten Einkaufspreisen.

Vergleichen Sie immer den Gramm Preis und die Lagerkosten im Jahr, sowie die AGB´s der Anbieter oder fragen Sie Ihren Edelmetallberater.

Platin und Palladium

Beide Metalle sind bedeutende Industriemetalle.
Die Nachfrage ist von konjunkturellen und technologischen Entwicklungen abhängig.
Die Nachfrage übersteigt jährlich das Angebot, weshalb heute schon 1/3 der Nachfrage aus dem Recycling stammt.

Platin und Palladium wird zur Herstellung von Schmuckwaren, Autokatalysatoren, Laborgeräten, Zahnimplantaten und Kontaktwerkstoffen verwendet.

Der Platinmarkt ist relativ eng. Dir jährliche Fördermenge beträgt lediglich 200 Tonnen.

Auch für den Zukunftstrend Brennstoffzelle werden diese Industriemetalle benötigt!

Um das Schwankungsrisiko vom Preis zu umgehen, lohnt (zu Einmalanlagen) der monatliche Kauf nach dem Cost-Average Effekt. Hierbei wird jeden Monat der gleiche Betrag zum Kauf des Metalls verwendet. Der Einkaufspreis selbst spielt dann auf Zeit eine untergeordnete Rolle.

Genau wie bei Silber fällt beim physischen Kauf von Platin und Palladium Mehrwertsteuer an.
Umgehen lässt sich dies, wenn Sie die Ware im Zollfreilager, außerhalb der EU (z.B. Schweiz) einlagern.

Möchten Sie Platin und Palladium physisch kaufen, können Sie beide Metalle sowohl in Münzen oder Barrenform erwerben.

Der Preisunterschied zwischen Lagermetall im Zollfreilager und physischen Münzen für zuhause liegt bei über 20 %.

Lassen Sie sich hier am Besten beraten.

Technologiemetalle

Hier spricht man auch von High-Tech Metallen. Das sind die Metalle, welche wir für die High-Tech Produkte benötigen.

Solar, Windkraft, Elektromobilität, neue Elektrotechnologien, EDV, Digitalisierung, Internet der Dinge, künstliche Intelligenz usw. kommen nicht ohne diese Technologiemetalle auf die Straße.

Hier ein paar Beispiele mit Anwendungsgebieten:

- Germanium
  Licht-/Glasfaserkabel, Infrarotechnik, Solarzellen, Katalysator bei der Kunststoffherstellung

- Gallium
  Leichtdioden (LED), Fotovoltaik und Solar, Satellitentechnik, Legierungen, Ersatz für Quecksilber

- Indium
Flachbildschirme, Touchscreens, Displays, Fotovoltaik und Solar, Smartphones, Leuchtdioden

- Hafnium
Superlegierung in Flugzeugturbinen, Nuklearindustrie, Optische Beschichtungen, Elektronik, Halbleitertechnik, Computerchips, Katalysatoren

- Weitere Metalle sind: Rhenium, Terbium, Selen, Tellur und Tantal

Wenn Sie überlegen, dass ein Großteil der Weltbevölkerung noch nicht an unserer westlichen High-Tech angeschlossen ist und auf Grund der Ökowende neue Technologien aufwarten, dann geht vermutlich Angebot und Nachfrage zukünftig deutlich auseinander.

Ein Vorteil ist auch, dass der Preis von Technologiemetallen allein auf Grund von Angebot und Nachfrage entstehen. Sie werden nicht an der Börse gehandelt und können nicht künstlich beeinflusst werden.

Platin, Palladium und Technologiemetalle sind daher eine sehr gute „Beimischung" nach Gold und Silber. Lassen Sie sich hier beraten, was zu Ihnen und Ihren Anlagezielen passt.

Um die Seltenheit klar zu machen hier die Weltjahresproduktion von Metallen, Edelmetallen und Technologiemetallen:

Stahl	720.000.000 Tonnen
Aluminium	31.000.000 Tonnen
Kupfer	16.000.000 Tonnen
Silber	27.000 Tonnen
Gold	2.700 Tonnen
Indium	800 Tonnen
Platin/Palladium	200 Tonnen
Gallium	130 Tonnen
Germanium	130 Tonnen
Hafnium	80 Tonnen

Technologiemetalle sind keine physische Anlage für Zuhause, da eine Privatperson diese nicht einfach wieder an die Industrie verkaufen kann!

Hier bedarf es einem Profi und einer Lagerung im Zollfreilager, um keine Mehrwertsteuer beim Kauf bezahlen zu müssen.

Ein weiterer, eher geopolitischer Punkt, ist die Verteilung dieser kostbaren Rohstoffe. China hat 70 % der Metalle im eigenen Land und weitere 20 % in Afrika bereits über Verträge gesichert. Somit hat das Land der Mitte hier eine Monopolstellung und könnte auch alleinig an der Preisschraube drehen.

Lassen Sie sich zu diesem spannenden Segment ausführlich beraten. Für mehr Infos können Sie mir auch einfach eine Email schreiben.

Sinnvoll ist auch hier, eine ratierliche, monatliche Anlage und mittelfristige Laufzeit.

Bitcoin und Kryptowährungen

Hier reden wir von einer digitalen Währung.

Die wirkliche Revolution hinter dem Bitcoin ist die Blockchain Technologie. Aber was ist das?

Unser aktuelles Geld (also Euro, Dollar und Co.) sind Fiat-Währungen. Wie schon erwähnt, bedeutet dies, dass diese Währungen beliebig auf Knopfdruck hergestellt werden können. Außerdem unterliegt die Entstehung der Macht der Notenbanken.

Bei der Blockchain Technologie, mit derer eine digitale Währung, wie etwa der Bitcoin hergestellt wird, ist die Menge der Währung im Voraus begrenzt.

Beim Bitcoin etwa ist die maximale Anzahl auf 21 Mio. begrenzt. Aktuell sind etwa 18,3 Mio. Bitcoins ausgegeben, also 87% der Menge insgesamt.

Gleichzeitig ist die Buchführung offengelegt. Jeder der Bitcoins hat, hat einen digitalen Geldbeutel (Wallet) und hier ist die gesamte Buchführung in Kopie abgelegt (einfach erklärt).

Vorteile sind also die Begrenzung der Menge und die transparente Buchführung, was eine digitale Währung unabhängig macht.

Außerdem kann man sich mit digitalen Währungen nicht verschulden.

Der Kurs vom Bitcoin und anderen digitalen Währungen unterliegt sehr hohen Schwankungen, ist also nichts für den Ruhe suchenden Anleger.

Kryptowährungen sind nicht physisch vorhanden, wie etwa Gold und es braucht einen Computer und Strom als Zugang.

Kryptowährungen wie der Bitcoin haben sich bisher noch nicht zu vollgültigen Zahlungsmitteln aufgeschwungen. Aber Sie haben sicher das Potenzial in der Zukunft.

Als Beimischung ist Bitcoin für den Anlegertyp, der auch ein gewisses Risiko eingehen möchte, sicherlich eine sinnvolle Investition.

Beachten Sie, das die Volatilität von Kryptowährungen extrem hoch ist. Sie sollten bei starken Kursverlusten bzw. Schwankungen die Nerven behalten.

Viele Anbieter von Krypto-Systemen kommen und gehen. Hier werden Ihnen Zinsen von teilweise 1 % täglich versprochen. Meist sind dies Schneeballsysteme die nicht lange laufen.

Merken Sie sich, wenn etwas aussieht wie eine Ente und quakt wie eine Ente, dann ist es eine Ente!

Achten Sie aber auf die Kurse und die Entwicklung. Falls Sie hier einsteigen wollen, empfehle ich Ihnen, sich im Vorfeld einzulesen.

Vielleicht basiert unsere nächste Währung ja auf der Grundlage einer Digitalen Währung und einer Mischung von Blockchain und Golddeckung?

Mögliche Gegenargumente zu Gold und Edelmetallen:

Kein Geld:
Meist ist dies ein Vorwand, da eine andere Geldausgabe den Vorrang hat. Mit einem Goldsparplan kann jeder mit 20 oder 50 Euro sinnvoll und günstig Gold kaufen.

Der Kurs ist zu hoch:
Gehen Sie davon aus, das Gold bereits den Höchststand erreicht hat?

Wenn dem so ist, wieso verkauft dann fast niemand bei der bisherigen Entwicklung?

Wer das Risiko minimieren möchte, nutzt den Cost-Average Effekt und kauft ratierlich.

Was, wenn der Preis fällt:
Ruhig bleiben, nicht verkaufen (denn nur dann realisieren Sie einen Verlust oder Gewinn). Evtl. die Chance nutzen zum Nachkaufen.

Gold wird mit Kinderarbeit usw. gefördert:
Kaufen Sie nur LBMA Barren. Hier haben Sie die Garantie, dass ein geringerer CO_2 Ausstoß stattfindet, keinerlei Kinderarbeit, saubere Arbeitsbedingungen, Menschenrechte und faire Entlohnung wird eingehalten.

Nur 5 – 10 % des Vermögens ins Gold:
Wer sagt das und warum? Pauschale Aussagen sind nie gut, da Ihre Ziele und ihr Typ eine Rolle spielen muss. Wenn Ihr Bankberater so gescheit wäre, dann würde er schon längt am Strand liegen und nicht mehr arbeiten müssen.
Sie entscheiden, was zu Ihrem Typ passt und womit Sie ruhig schlafen können.

Gold kann man in einer Krise nicht essen:
In einer richtigen Krise können Sie von Ihrem Gold nicht abbeißen, aber Sie können es als Tauschmittel einsetzen für Waren oder Dienstleistungen.

Genau genommen kann man Gold sogar essen. Gold ist mit der Lebensmittelnummer E175 als Lebensmittel zum Verzehr zugelassen.

Gold wirft keinen Zins ab:
Das stimmt, aber es kostet Sie auch keinen (Stichwort Negativzinsen). Gold tut das, was es soll, die Kaufkraft erhalten, als Wertspeicher.
Außerdem sind Sie Besitzer und Eigentümer einer Sache.

Hohe Lagerkosten:
Gute Anbieter haben max. 0,4 % Lagerkosten im Jahr. Vergleichen Sie das mal mit den laufenden Kosten von anderen Besitztümern, wie Immobilie, Autos, Sachwertfonds etc.

Grundsteuer, Versicherungen, Depot- und Verwaltungskosten usw.

Wo ist dann das Problem bei den Lagerkosten?

Außerdem sind in den Lagerkosten auch die Kosten für die Vollversicherung enthalten.

Unterm Strich ist eines klar:

Zukünftig ist der Besitz von Gold ist wichtig, nicht der Preis!

Die beste und sicherste Geldanlage der Welt

Das beste Investment der Welt ist das Investment in Sie selbst!

Investieren Sie in sich, Ihre Weiterbildung, Ihre Talente und Fähigkeiten zum Wohle anderer Menschen!

Investieren Sie in Ihre Freunde, in Reisen und Kulturen, in Sprache, in Ihre Familie, Kinder und in Ihre Lebensfreude.

Wenn eines Tages der Kuckuck-Kleber kommen sollte, dann kann Ihnen kein Mensch der Welt dieses Investment nehmen, es ist der sicherste Ort der Welt.

Geld ist wichtig, keine Frage. Unsere Gesellschaft funktioniert nicht ohne. Es macht Sie unabhängiger und freier in Ihrer Gestaltung. Aber lassen Sie sich nicht zu stark davon beeinflussen.

Sie kommen auf die Welt ohne und Sie gehen von hier ohne weltliche Besitztürmer. Alles dazwischen ist eine Verwaltung von Dingen.

Da Sie ohne Besitztümer von dieser Welt gehen werden, besitzen Sie am Ende sowieso nichts – außer dessen, was sie im Herzen mitnehmen.

Geben Sie Ihre Finanzen nicht aus der Hand. Entscheiden Sie (auch in Krisenzeiten) nicht aus Angst, sondern überlegt, rational und nach dem, was Ihre Lebensziele sind. Checken Sie Ihr Bauchgefühl und nutzen Sie einen fachkundigen Berater beim Thema Edelmetalle.

Die Eichhörnchen Methode

Ein guter Ratgeber in Sachen Geldanlage in Krisenzeiten ist das Eichhörnchen. Vor dem Winter legt es mehrere Nester an, um sicher durchzukommen, da es nicht weiß, wie hart der Winter wird.

Auch Sie sollten nicht alles auf eine Karte setzten und Ihre Anlage streuen, wie das Eichhörnchen.

Ach ja, das Eichhörnchen vergisst einen Großteil der Nester wieder und kann sich nicht daran erinnern – dies sollten Sie natürlich vermeiden...

Zu guter Letzt - in eigener Sache

Ich danke meinem bisherigen Leben für die Erfahrungen und dass ich diese (im Bereich der Geldanlage) mit Ihnen teilen durfte. Ich bedanke mich auch bei allen Menschen, welche mich teils vor große Herausforderungen gestellt und auch enttäuscht haben. Am Ende habe ich durch Sie die stärkste persönliche Entwicklung gemacht. Bedenken Sie dies auch, wenn Sie grade in einer Krise sein sollten.

Nun wünsche ich Ihnen viel Freude bei Ihrem Start in das tolle Thema Gold und Co.

Ich würde mich freuen, wenn ich auch Ihnen, mit diesem Ratgeber, zu einem Stück (finanzieller) Freiheit verhelfen kann.

Geben Sie dieses Buch gerne weiter, damit möglichst viele Menschen von diesen Anlageformen erfahren und sich schützen können.

Falls Sie selbst in der Finanzberatung sind, oder Lust haben dieses Thema zu verbreiten, dann melden Sie sich.

Wir suchen immer Menschen, welche sich mit guten Dingen in andere Menschen investieren.

Ich freue mich auf Ihre Email, Ihr Feedback, Anregungen oder Fragen und wünsche Ihnen eine „goldige Zukunft" und Gottes Segen in diesen Zeiten.

Ihr

Markus Dursch

Tel.: 07721 406 980
Email: mail@markus-dursch.de
www.freiheitlich-leben.de